Die Kommunion oder Konfirmation ist ein wichtiges Ereignis im Leben Ihres Sohnes. Das eigene „Ja" zu Gott und der Kirche ist ein selbstbewusster Schritt ins Leben.

Nach wochenlangem Unterricht, Planung und Vorfreude darf nun auch gefeiert werden. Für diesen Anlass stellen wir Ihnen viele verschiedene Tischdekorationen speziell für Jungs vor, denn diese mögen ja selten Glitzer & Co., sondern bevorzugen kräftige Farben und klare Linien.

Aus klassischen Motiven, wie Fisch, Kreuz und Sonne, oder aus neuen Ideen, wie Pusteblume und Leuchtturm, kann gewählt werden. Damit es eine wunderschöne Feier wird, die allen Ihren Gästen, aber vor allem natürlich Ihrem Sohn, richtig gut gefällt.

Viel Spaß dabei wünschen

Lukas
Meine Kommunion
Menü
Lukas

Tautropfen

erfrischend in Türkis-Weiß

MOTIVHÖHE
ca. 7 cm bis 21 cm (Menükarte)

MATERIAL
FÜR ALLE MOTIVE
* Glasnuggets in Türkis
* Mobilefolienrest, 0,2 mm stark
* Prägestift oder leer geschriebener Kugelschreiber
* Buntstift in Hellblau

ZUSÄTZLICH EINLADUNG
* Doppelkarte in Weiß, 10,5 cm x 14,5 cm
* Transparentpapier mit Tautropfen in Türkis, 19 cm x 14,5 cm
* Fotokartonrest in Hellblau

MENÜKARTE
* Doppelkarte in Hellblau, 10,5 cm x 21 cm
* Fotokarton in Weiß, 6 cm x 17 cm
* Transparentpapier mit Tautropfen in Türkis, 5,5 cm x 16,5 cm
* Fotokartonrest in Hellblau
* Organzaband in Türkis, 7 mm breit, 60 cm lang

TISCHKARTE
* Fotokartonreste in Weiß und Hellblau
* Transparentpapierrest mit Tautropfen in Türkis
* Organzaband in Türkis, 7 mm breit, 20 cm lang

VORLAGE
Bogen 1A

Für alle Motive blaue Blätter zuschneiden und prägen. Hierfür das Prägemuster mit wasserfestem Filzstift auf Folie übertragen und mit dem Cutter ausschneiden. Das Kartonblatt auf die Folie legen und mit Prägestift oder Kugelschreiber die Linien durchdrücken. Hierzu auf eine Lichtquelle legen (z. B. Leuchttisch) oder am Fenster arbeiten. Die Blattränder mit Buntstift gestalten und je einen Nugget aufkleben.

Einladungskarte

Das Transparentpapier nach 10,5 cm falten, um die Karte legen (kurze Seite vorne) und hinten etwas festkleben. Die Karte mit weißem Lackmalstift beschriften und zwischen der Schrift das geprägte Blatt festkleben. Alternativ dazu können Sie das Blatt auch an den Rand der Karte kleben.

Menükarte

Den weißen Kartonstreifen auf die Karte kleben und darüber den Transparentpapierstreifen mit doppelseitigem Klebeband befestigen. Das Transparentpapier mit Lackmalstift beschriften und im oberen Bereich das Prägeblatt sowie den Nugget anbringen. Das Menüblatt zuschneiden, einlegen und mit Organzaband festbinden. Wenn Sie auf das Band verzichten möchten, müssen Sie das Menüblatt leicht einkleben (siehe Grundanleitung Einlegeblätter).

Tischkarte

Je ein Blatt aus weißem und blauem Karton sowie Transparentpapier zuschneiden. Das blaue Blatt wie oben beschrieben gestalten. Alle Blätter übereinanderlegen (blau oben, weiß unten), lochen und mit Organzaband als Fächer zusammenbinden. Das Transparentpapierblatt am Rand mit Lackmalstift beschriften.

Die Namen und Schriftzüge können Sie von Hand aufzeichnen oder mit Ihrem Computer ausdrucken.

Sie können die Einladungs- und Menükarten nach Belieben mit christlichen Sprüchen verzieren. Sie dürfen nur nicht zu lange sein.

Konturenscheren sind in vielen verschiedenen Mustern im Fachhandel erhältlich.

Für dich scheint heut' die Sonne

grafisch-abstrakt

MOTIVHÖHE
ca. 5 cm bis 19 cm (Menükarte)

MATERIAL

EINLADUNGSKARTE

* Fotokarton in Orange, 24 cm x 12 cm, Hellblau, 11 cm x 2,5 cm und 5 cm x 1,5 cm, Dunkelblau, 2 cm x 11 cm, sowie Reste in Rot und Gelb
* Schreibmaschinenpapier
* Satinband in Rot, 3 mm breit, 40 cm lang
* Konturenschere: Wellenschnitt

MENÜKARTE

* Fotokarton in Orange, 24 cm x 19 cm, Hellblau, 11 cm x 2,5 cm und 6 cm x 2 cm, Dunkelblau, 2 cm x 17 cm, sowie Reste in Rot und Gelb
* Schreibmaschinenpapier
* Satinband in Rot, 3 mm breit, 64 cm lang
* Konturenschere: Wellenschnitt

TISCHKARTE

* Fotokarton in Orange, 14 cm x 5 cm, Hellblau, 7 cm x 2,5 cm, Dunkelblau, 7 cm x 2 cm, und Rest in Gelb
* Schreibmaschinenpapier
* Konturenschere: Wellenschnitt

VORLAGE
Bogen 1A

Einladungs- und Menükarte

1 Den orangefarbenen Fotokarton zu einer Doppelkarte falten. Das rote und gelbe Motivteil zuschneiden. Die längeren blauen Fotokartonstreifen jeweils an einer Längsseite entlang der Kante mit der Konturenschere abschneiden.

2 Die hellblauen Streifen mit den Schriftzügen, die Sie zuvor mithilfe eines Druckers ausgedruckt haben, bekleben. Alle Motivteile auf der Karte fixieren. Das Satinband einlegen und verknoten. Bei der Einladungskarte an einem Bandende das Einladungsschildchen befestigen.

Tischkarte

Aus dem orangefarbenen Fotokarton eine Tischkarte falten. Die blauen Fotokartonstreifen jeweils an einer Längsseite entlang der Kante mit der Konturenschere abschneiden und den hellblauen auf dem dunkelblauen Streifen fixieren. Das gelbe Motivteil auf die Tischkarte kleben und den Wellenstreifen ergänzen. Den ausgedruckten Schriftzug anbringen.

Menükarte
„Alle Dinge sind möglich dem, der da glaubt."
Franziska
Einladung
„Alle Dinge sind möglich dem, der da glaubt."

Ensemble in Jeansoptik

auch mit Schriftzug „Kommunion“ möglich

MOTIVHÖHE

ca. 5 cm bis 21 cm (Menükarte)

MATERIAL

FÜR ALLE MOTIVE

* Scrapbookpapier in Jeansoptik
* Scrapbookpapier „Konfirmation“ in Blau-Grün
* Metallsticker in verschiedenen Farben, 1,7 cm x 1,7 cm
* Rundkopfklammern „Schraube“ in Silber, ø 10 mm
* Buntstift in Dunkelblau

ZUSÄTZLICH EINLADUNG

* Doppelkarte in Blau, 10,5 cm x 21 cm
* Lederband in Dunkelblau, 3 mm breit, 10 cm lang

Einladung

1 Drei Schriftzugstreifen mit der Schere zuschneiden und so auf die Karte kleben, dass sie sich an einer Stelle kreuzen. Die Enden bündig abschneiden. Den Jeanskartonstreifen (2 cm x 21 cm) an der oberen Kante mit Buntstift bemalen und aufkleben. Zwei Schlitze einschneiden, die Rundkopfklammern durchstecken und innen auseinanderdrücken.

2 Einen Jeanskartonkreis mit Bunt- und Lackmalstift bemalen, mit einem Metallsticker bekleben und auf dem Kreuzungspunkt der Streifen fixieren. Das mittig gefaltete Lederband dabei mit einkleben.

Geschenkschachtel

1 Die Rucksackvorlage mit Transparentpapier auf die Jeanskartonrückseite übertragen und ausschneiden. Zunächst die Kante der Lasche mit einem Buntstift bemalen. Danach die gestrichelten Linien mit dem Falzbein leicht anritzen, da sich das Papier dadurch leichter falten lässt.

2 Den Rucksack an den Klebekanten zusammenkleben, füllen und mit Klebepads verschließen. Zwei Schriftstreifen (16 cm lang) jeweils an den Enden aufeinanderkleben und als Träger anbringen. Die Tasche zum Schluss mit einem Metallsticker verzieren.

MENÜTASCHE

* Fotokarton in Blau, 42 cm x 15 cm
* Fotokarton in Hellgrün, 20 cm x 2 cm
* Tonpapier in Weiß
* Lederband in Dunkelblau, 3 mm breit, 25 cm lang
* Stempel: Menükarte, 10 cm x 2 cm
* Stempelkissen in Farblos
* Embossingpulver in Weiß

VORLAGE

Bogen 1A+1B

Menütasche

1 Den blauen Karton mittig anritzen und falten. Den Jeanskarton (15 cm x 16 cm) nur an den Außenseiten mit Heißkleber auf den Aufsteller kleben, sodass eine Tasche entsteht. Drei Schriftstreifen aufkleben und bündig abschneiden.

2 Den grünen Streifen fortlaufend bestempeln, mit weißem Pulver embossen und von unten das zur Schlaufe gelegte Band ankleben. Den Streifen auf die Karte kleben, bündig abschneiden und einen Metallsticker ergänzen.

3 Die Menükarte (z. B. weißes Tonpapier) nach Vorlage zuschneiden, die Rundkopfklammer anbringen und in die Tasche schieben. Die Tasche kann aufgestellt werden.

Serviettenring

Drei Schriftstreifen an den Enden überlappend zusammenkleben, zu einer Schlaufe biegen und auf den Rückseiten fixieren. Ein Drittel der Streifen steht vorne ab und kann beschriftet werden. Einen Jeanskartonkreis bemalen, mit Sticker bekleben und die Klebestelle damit überdecken.

Buntes Mosaikkreuz

klassisch, aber farbenfroh

MOTIVHÖHE
ca. 3 cm bis 21 cm (Menükarte)

MATERIAL
FÜR ALLE MOTIVE

* Acryl-Mosaiksteine in bunter Mischung transparent, 1 cm x 1 cm
* doppelseitige Klebefolie
* Stempelkissen und Embossingstift in Farblos
* Embossingpulver in Silber

ZUSÄTZLICH EINLADUNG

* Doppelkarte in Silber, 15 cm x 15 cm
* Prägepapier mit Streifenmuster in Blau, 11 cm x 11 cm
* Fotokarton in Weiß, 8 cm x 8 cm
* Band in Rot, 1 cm breit, 50 cm lang
* Stempel: Wir feiern, 8 cm x 3 cm

MENÜKARTE

* Doppelkarte in Silber, 10,5 cm x 21 cm
* Prägepapier mit Streifenmuster in Blau, 18,5 cm x 21 cm
* Fotokarton in Weiß, 5 cm x 15 cm
* Band in Rot, 1 cm breit, 12 cm lang
* Stempel: Menü, 5 cm x 4 cm

Für alle Motive die Mosaiksteine auf doppelseitige Klebefolie als Kreuz aufkleben. Die Folie knapp am Kreuz entlang abschneiden, die Schutzfolie abziehen und das Kreuz auf der Karte fixieren.

Einladung

1 Die Karte unten mittig bestempeln, mit Silberpulver embossen und ein Einlegeblatt einkleben. Den weißen Karton mit Filzstift umranden, auf das Prägepapier kleben und das Mosaikkreuz (5 cm x 5 cm, 9 Steine) ergänzen.

2 Das Band um die Karte legen und die Enden seitlich verknoten. Das Motiv mit doppelseitigem Klebeband so auf der Karte befestigen, dass das Band und das Kreuz eine Linie bilden.

Menükarte

Das Prägepapier nach 10,5 cm falten und um die Karte legen (kurze Seite vorne). Den weißen Karton bestempeln, embossen und mit Filzstift rot umranden. Das Band mittig falten, unter die Ecke kleben und das Schild auf der Karte befestigen. Ein Kreuz aus elf Mosaiksteinen (3 cm x 9 cm) anfertigen und aufkleben.

Weiter geht es auf Seite 10

Mein Tipp für Sie

Windlichter Für passende Windlichter Gläser mit Tacky-Tape-Band versehen und rundum Mosaiksteine anbringen.

MENÜ
Wir feiern...
Julian

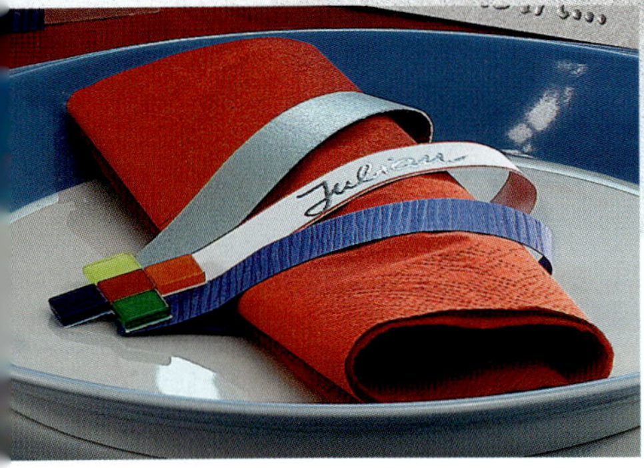

Serviettenring

Der Serviettenring dient gleichzeitig als Platzkärtchen. Den weißen Streifen ca. mittig mit einem Embossingstift beschriften und embossen. Alle Streifen rund biegen und an den Enden versetzt zusammenkleben. Das Kreuz (fünf Steine) auf den Kartonrest kleben, ausschneiden und auf den Streifenenden platzieren.

Mein Tipp für Sie

Gästebuch Schön ist ein Erinnerungsalbum für Fotos und Glückwünsche. Das Spiralalbum blau bemalen oder mit Papier bekleben. Hierfür die Lochpositionen und den Abstand zum Rand anzeichnen, lochen (Lochzange) und zum Rand hin aufschneiden. Das Papier über die Spiralen ziehen und festkleben. Das Motiv von der Einladung hier mit silberfarbenem Papier arbeiten und mit Embossingstift beschriften und embossen.

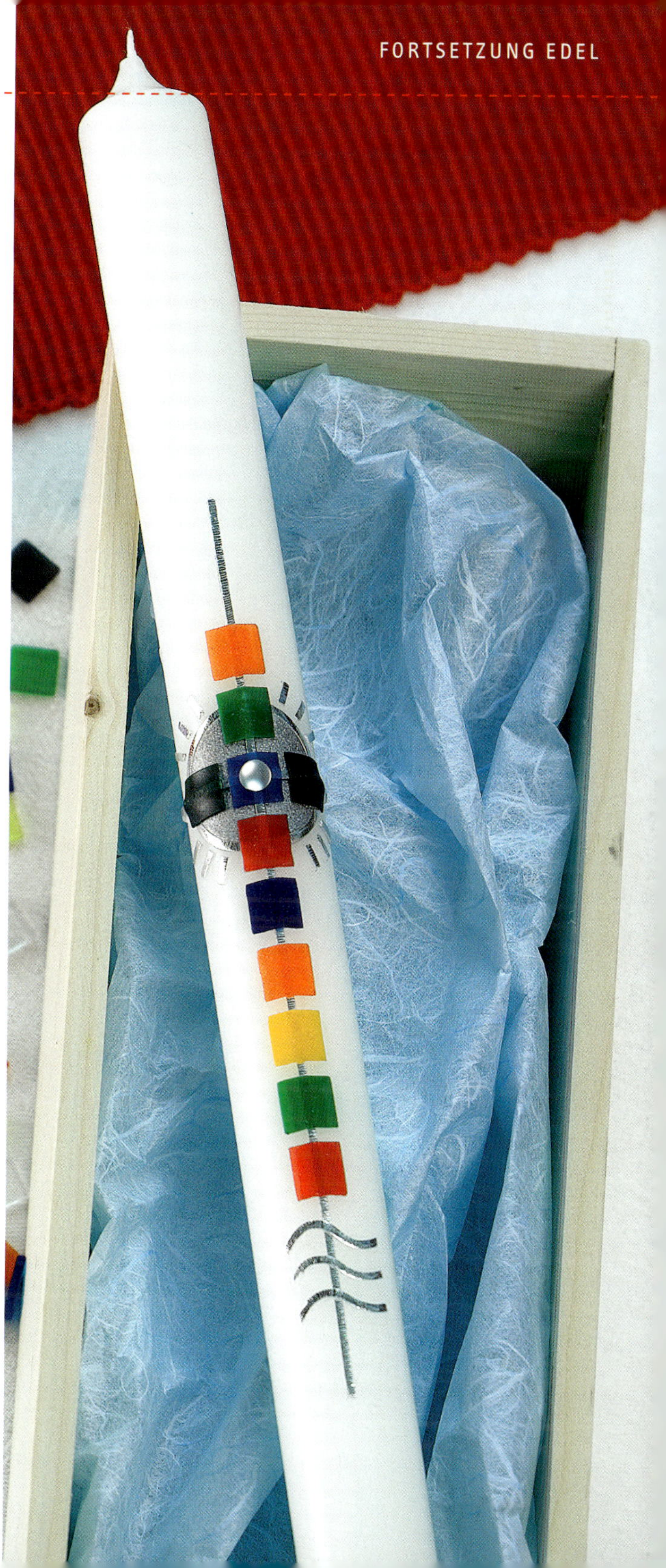

MATERIAL

SERVIETTENRING

* Fotokarton in Silber, Weiß sowie Prägepapier in Blau, je 18 cm x 1,5 cm
* Fotokartonrest in Weiß

KOMMUNIONKERZE

* Kommunionkerze in Weiß, ø 2,5 cm, 48 cm hoch
* Wachsplattenreste in Rot, Gelb, Orange, Grün, Hell- und Dunkelblau, Schwarz und Silber (sortierte Packung)
* 4 Wachszierstreifen in Silber, 2 mm breit
* Acrylhalbperle in Transparent gefrostet, ø 6 mm

VORLAGE

Bogen 1B

Kerze

1 Die silberne Sonne mit dem Cutter zuschneiden, bei Zimmertemperatur auf die Kerze drücken und mit Zierstreifen umranden. Darüber das silberne Kreuz anbringen.

2 Die Mosaikquadrate (1 cm x 1 cm) zuschneiden und nach Vorlage auf dem Kreuz verteilen. Beginnen Sie dabei am besten in der Kreuzmitte. Die Sonnenstrahlen (5 mm lang) und drei Wellen aus Zierstreifen anbringen. Die Halbperle mit etwas Alleskleber aufsetzen und gut andrücken.

Volker
Danke
Menü
Blattsalat mit Spargelspitzen
und Hähnchenbruststreifen
***
Klare Hühnersuppe mit Einlage
***
Schweinelendchen a la Cordon Bleu
***
Brombeerparfait mit Mandelkeksen
und Baisers
Einladung
zur
Kommunion

Kleine Fische

in vielen Grüntönen

MOTIVHÖHE
ca. 3 cm bis 21 cm (Einladungskarte)

MATERIAL
FÜR FAST ALLE MOTIVE
* Fotokartonreste in Hell-, Mittel- und Dunkelgrün
* Motivlocher: Fisch, 2,5 cm lang
* Transparentpapier
* UHU Glitter-Glue in Silber
* Kleberoller

ZUSÄTZLICH
EINLADUNGSKARTE
* Fotokarton in Hellgrün, 8 cm x 21 cm
* Motivkarton in Hellgrün gestreift, 8 cm x 21 cm
* Satinband in Hellgrün, 8 mm breit, 40 cm lang
* Fotoklebepads

MENÜAUFSTELLER
* Fotokarton in Hellgrün, 26 cm x 15 cm
* Motivkarton in Hellgrün gestreift, 9 cm x 16 cm
* Satinband in Hellgrün, 8 mm breit, 52 cm lang

SERVIETTENRING
* Motivkarton in Hellgrün gestreift, 18 cm x 3 cm

GIVE-AWAY
* Fotokarton in Hellgrün, 2 x 8 cm x 6,5 cm
* Motivkarton in Hellgrün gestreift, 2 x 4 cm x 5 cm
* Satinband in Hellgrün, 8 mm breit , 2 x 11 cm lang

VORLAGE
Bogen 2B

Einladungskarte

Transparentpapier bedrucken und auf 8 cm x 21 cm zuschneiden. Fotokarton, Transparentpapier, Motivkarton und das Deckblatt aus Transparentpapier aufeinanderlegen und oben in der linken Ecke lochen. Das Schleifenband durchziehen, verknoten und die Bandenden ebenfalls mit einem Knoten versehen. Zwei kleine Fischschwärme auf das Deckblatt kleben und zum Schluss die Fischaugen mit Glitter-Glue aufmalen.

Menüaufsteller

Aus dem hellgrünen Fotokarton gemäß Vorlage einen Aufsteller falten und zusammenkleben. Das Transparentpapier bedrucken, auf 10 cm x 20 cm zuschneiden, um den Motivkarton legen, mit Kleberoller befestigen und mittig auf den Menüaufsteller kleben. Das Satinband um den Aufsteller legen, verknoten und zusätzlich an die Bandenden einen Knoten binden. Mit Glitter-Glue den Fischen Augen aufmalen und auf dem Papier fixieren. Den Menüaufsteller leicht öffnen, damit er mehr Standfestigkeit bekommt.

Serviettenring

Das Transparentpapier bedrucken, auf 20 cm x 2 cm zuschneiden und auf den Motivkarton legen. Beide Papierstreifen rund biegen, die Enden aufeinanderkleben und mit Fischen verzieren.

Give-Away

Die Give-Away-Tasche nach Vorlage ausschneiden und zusammensetzen. Das Transparentpapier bedrucken, auf 7 cm x 2 cm zuschneiden und um ein Stück Motivkarton legen. Anschließend die Enden nach hinten falten, festkleben und diesen Karton auf der Vorderseite der Tasche fixieren. Das zweite Rechteck auf der Rückseite anbringen. Nun werden die beiden Satinbänder als Henkel in die Tasche geklebt. Abschließend wird die Tasche mit zwei ausgestanzten Fischen vervollständigt.

Wie ein Leuchtturm in der Nacht

maritimer Farbtupfer

MOTIVHÖHE
ca. 14 cm (Menükarte und Tischkarte)

MATERIAL FÜR ALLE KARTEN

* Stempelkissen in Farblos
* Embossingpulver in Rot
* Stempel: Leuchtturm, 4 cm x 10 cm

ZUSÄTZLICH MENÜKARTE

* Fotokarton in Weiß, 23 cm x 14 cm und 4 cm x 10 cm
* Fotokarton in Rot, 5 cm x 14 cm
* Fotokarton in Rot-Weiß gestreift, 10,5 cm x 13 cm
* Schreibmaschinenpapier
* Öse in Rot, ø 8 mm
* Ösenwerkzeug

TISCHKARTE

* Fotokartonrest in Rot-Weiß gestreift
* Fotokarton in Weiß, 4 cm x 13,5 cm

VORLAGE
Bogen 2A

Menükarte

1 Die weiße Karte an der linken Schmalseite nach 5 cm und nach 9 cm anritzen und erst nach hinten und dann nach vorne umbiegen, damit sie aufgestellt werden kann. Den roten Streifen aufkleben und darauf das Stempelmotiv auf weißem Karton platzieren.

2 Die Menükarte (z. B. aus Schreibmaschinenpapier) zuschneiden (ca. 8,5 cm x 13,5 cm), auf Streifenkarton und Karte legen und oben mittig lochen. Die Öse einstecken und von der Rückseite mit Ösensetzer und Hammer einschlagen.

Tischkarte

Den Kartenhalter aus Streifenkarton zuschneiden, anritzen und zusammenkleben. Den weißen Karton bestempeln und embossen (unten 3 cm Platz lassen) und mit Filzstift beschriften. Die Tischkarte durch den Schlitz in den Kartenhalter stecken.

Weiter geht es auf Seite 16

Meine Tipps für Sie

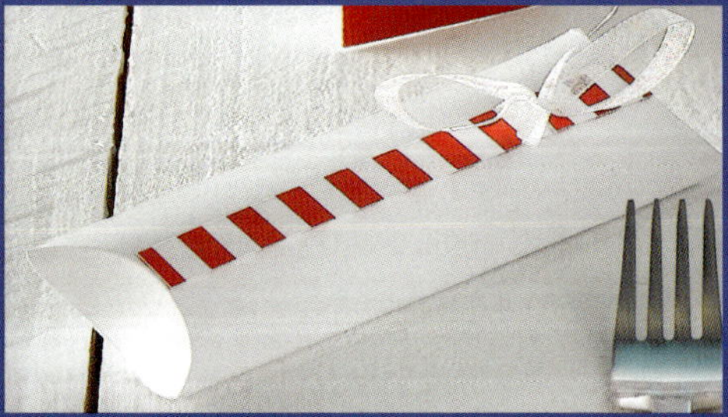

Geschenkschachteln Für die kleine Geschenkschachtel die Form (siehe Vorlagebogen) zuschneiden, die gestrichelten Linien mit einem Falzbein anritzen und umbiegen. Die Schachtel an der Klebelasche schließen, befüllen und die Seiten übereinanderschlagen. Den Streifenkarton (14 cm x 1 cm) aufkleben und mit einer Organzaschleife schmücken.

Spitzkerzen Die passenden Spitzkerzen wurden mit roten Wachsstreifen (1,5 cm breit) verziert. Einfach mit warmen Händen im gleichen Abstand aufdrücken und Überstehendes hinten abschneiden.

Menü
Bunte Gemüsesuppe mit
ärlauchklöschen und Eierstich
Lachsfilet im Kräutermantel,
u Basmatireis oder frische Pasta
sowie Saucenvariationen
Erdbeersalat mit Minze
an hausgemachtem Vanilleeis
Guten Appetit
wünscht Bastian
Jesus sagt:
Ich bin das
Licht der Welt.
Bastian
Jesus sagt:
Ich bin das
Licht der Welt.

Jesus sagt:
Ich bin das
Licht der Welt.
Danke
Jesus sagt:
Ich bin das
Licht der Welt.

Der doppelt gearbeitete Leuchtturm wurde mit Klebepads aufgesetzt. So wirkt er gleich viel plastischer.

MATERIAL
ZUSÄTZLICH
FÄCHERKARTE

* Fotokartonreste in Weiß, Rot und Rot-Weiß gestreift
* Organzaband in Weiß, 7 mm breit, 30 cm lang
* Holzperle in Rot, ø 8 mm

PICCOLOVERPACKUNG

* Fotokarton in Rot, A3
* Fotokarton in Rot-Weiß gestreift, 5 cm x 12 cm
* Fotokarton in Weiß, 4 cm x 10,5 cm
* Organzaband in Weiß, 7 mm breit, 2 x 20 cm lang

VORLAGE
Bogen 2A

Fächerkarte

1 Mehrere Kartenteile aus Karton und aus bedrucktem Papier (Einladung oder Dank) ausschneiden. Eine Kartonschablone erleichtert das Abzeichnen. Alle Teile übereinanderlegen (roter Karton oben) und lochen. Das Band halb durch die Löcher führen, beide Enden durch die Perle ziehen und verknoten.

2 Weißen Karton (4 cm x 10 cm) bestempeln, mit rotem Pulver embossen und obenauf festkleben. Einen zweiten Leuchtturm zuschneiden und mit Klebepads aufkleben. Schön hierzu sind passende transparente DIN-Lang-Umschläge: Das Stempelmotiv einlegen und von außen mit Lackmalstift abzeichnen.

Piccoloverpackung

1 Die Verpackung aus Karton zuschneiden und die gestrichelten Linien anritzen und umbiegen. Den weißen Streifen bestempeln und embossen, mit Filzstift beschriften und auf den Streifenkarton kleben. Das Motiv auf der Verpackung fixieren.

2 Die Flasche auf den Boden stellen, die Seiten hochklappen und seitlich lochen. Die Bänder auf jeder Seite durchziehen und verknoten.

Mein Tipp für Sie

Tischdeko Der Tisch und die Lichter sind mit Dekosand und -kies dekoriert, die es in vielen Farben in Deko- und Blumengeschäften gibt.

Menü
Menü
LEA

Menü
OMA
Einladung

Für den Regenbogen können Sie auch andersfarbige Papiere verwenden.

Beim Tischkärtchen bietet es sich an, den Namen probehalber auszulegen, den Platzbedarf abzumessen und den dunkelblauen Karton dementsprechend breit zuzuschneiden.

Regenbogen und Tauben

Zeichen des Friedens

MOTIVHÖHE
ca. 5 cm bis 15 cm (Menükarte)

MATERIAL
FÜR ALLE MOTIVE
* Tonpapier in Rot, Gelb, Hellgrün, Hell- und Mittelblau
* Fotokarton in Weiß (für die Tauben)
* Motivlocher: Taube, ø 2,7 cm

ZUSÄTZLICH
EINLADUNGSKARTE
* Fotokarton in Dunkelblau, 24 cm x 12 cm, Silber, 8,2 cm x 8,2 cm, und Weiß. 8 cm x 8 cm
* Klebeschriftzug „Einladung" in Silber

MENÜKARTE
* Fotokarton in Dunkelblau, 27 cm x 15 cm, Silber, 8,2 cm x 8,2 cm, und Weiß, 8 cm x 8 cm
* Klebeschriftzug „ Menü" in Silber
* Satinband in Beige, 3 mm breit, 34 cm lang

TISCHKARTE
* Fotokarton in Dunkelblau, 9 cm x 9 cm, Silber, 4 cm x 4 cm, und Weiß, 3,7 cm x 3,7 cm
* Klebebuchstaben in Silber, 1 cm hoch

VORLAGE
Bogen 1B

Einladungskarte

Aus dem blauen Fotokarton eine Doppelkarte falten. Den Regenbogen nach Vorlage ausschneiden und zusammensetzen, auf das weiße Quadrat kleben und dieses mittig auf das silberne setzen. Mit Schriftzug und Tauben verzieren und auf der Karte fixieren.

Menükarte

1 Den blauen Fotokarton nach 9 cm und nach 21 cm falzen, die Enden jeweils nach innen falten. Das Regenbogen-Quadrat herstellen (siehe Einladungskarte) und auf der Karte befestigen.

2 Das Satinband um die Karte wickeln, verknoten und an den Enden jeweils zwei Tauben fixieren.

Tischkarte

Aus dem blauen Fotokarton eine Tischkarte falten. Das Regenbogen-Quadrat herstellen (siehe Einladungskarte) und mit dem Namen des Gaste beschriften. Und schon ist die Tischkarte ohne viel Aufwand fertig.

ZUSÄTZLICH

DANKSAGUNGS-KARTE

* Fotokarton in Dunkelblau, 16 cm x 10 cm, Silber, 4 cm x 4 cm, und Weiß, 3,7 cm x 3,7 cm
* Klebeschriftzug „Herzlichen Dank" in Silber
* Satinband in Beige, 3 mm breit, 14 cm lang

SERVIETTENRING

* Tonpapier in Rot, 14 cm x 3 cm, Gelb, 14 cm x 2,5 cm, Hellgrün, 14 cm x 2 cm, Hellblau, 14 cm x 1,5 cm, und Mittelblau, 14 cm x 1 cm

GÄSTEBUCH

* Ringbuchalbum mit Passepartout, A6
* Fotokarton in Weiß, 10 cm x 6,5 cm
* Klebebuchstaben in Silber, 1 cm hoch
* Satinband, 3 mm breit, 2 x 18 cm lang

KERZENHÜLSE

* Tonpapier in Rot, 9 cm x 3 cm, Gelb, 9 cm x 2,5 cm, Hellgrün, 9 cm x 2 cm, Hellblau, 9 cm x 1,5 cm, und Mittelblau, 9 cm x 1 cm

VORLAGE

Bogen 1B

Mein Tipp für Sie

Kerzenhülsen Die Kerzenhülsen werden wie die Serviettenringe angefertigt: einfach in Streifen aufeinanderkleben, zu einem Kreis geschlossen und über die Kerze gezogen.

Danksagungskarte

1 Den blauen Fotokarton zur Doppelkarte falten. Das Regenbogen-Quadrat herstellen (siehe Einladungskarte) und zusammen mit dem Schriftzug auf der Karte fixieren.

2 Ein Loch oben links in die Karte stanzen, das Satinband durchführen und verknoten. Jeweils zwei Tauben auf die Bandenden setzen.

Serviettenring

Die Streifen entsprechend der Regenbogenfarben aufeinanderkleben, zum Kreis schließen und mit einer Taube verzieren.

Gästebuch

Den Regenbogen nach Vorlage herstellen und auf das weiße Rechteck setzen. Dieses in die Passepartoutöffnung kleben und die Tauben und den Schriftzug ergänzen. Die Satinbänder wie abgebildet über die Buchklappe legen, die Enden nach innen falten und dort befestigen.

Menü
Menü
Julianne

Fußspuren im Sand

hinterlassen Eindrücke

MOTIVHÖHE
ca. 2 cm bis 21 cm (Menükarte)

MATERIAL
FÜR ALLE MOTIVE

* Motivlocher: Fußabdruck, 1,4 cm x 2,5 cm
* Niete in Orange, ø 7 mm
* Ösenwerkzeug

ZUSÄTZLICH MENÜKARTE

* Doppelkarte in Orange, 10,5 cm x 21 cm
* Fotokarton in Hellorange, 6 cm x 6 cm, und Rest
* Scrapbookpapier in Sandoptik, 5 cm x 5 cm
* Transparentpapier in Weiß, 8 cm x 1,5 cm
* Organzaband in zwei Orangetönen, 7 mm breit, je 25 cm lang

SERVIETTENSCHMUCK

* Fotokarton in Orange und Scrapbookpapier in Sandoptik, je 19 cm x 2 cm
* Fotokarton in Hellorange, 15 cm x 2 cm

Menükarte

1 Den beschrifteten Transparentpapierstreifen um das Sandpapier legen und die Kanten hinten festkleben. Das Sandpapier auf das hellorangefarbene Quadrat kleben.

2 Die Bänder miteinander verknoten und so unter das Quadrat kleben, dass der Knoten oben herausschaut. Das Quadrat mit Klebepads auf die Karte setzen und an die unteren Bandenden je eine Fußspur kleben. Die Menükarte sieht auch in den umgekehrten Farben sehr schön aus.

Serviettenaufleger

1 Je eine Fußspur aus den orangefarbenen Streifen stanzen, dabei den hellen Streifen spiegelbildlich lochen (Karton umdrehen). Beide Teile auf den Sandpapierstreifen legen (hellorangefarbener Streifen oben) und am oberen Ende mit der Lochzange lochen.

2 Eine Niete durchstecken und mit Ösensetzer und Hammer einschlagen. Den Serviettenaufleger beschriften und mit Organzaband auf einer gerollten Serviette festbinden.

Weiter geht es auf Seite 24

ZUSÄTZLICH EINLADUNGSKARTE

* Doppelkarte in Orange, 15 cm x 15 cm
* Fotokarton in Hellorange, 7 cm x 15 cm, und Rest
* Scrapbookpapier in Sandoptik, 6 cm x 15 cm
* Transparentpapier in Weiß, 16 cm x 1,5 cm
* Organzaband in zwei Orangetönen, 7 mm breit, je 45 cm lang

KERZE

* Rustic-Kerze in Natur, ø 7 cm, 19 cm hoch
* Verzierwachsplatte in Weiß
* Verzierwachsplatte mit Streifen in Orange
* 5 Wachszierstreifen in Gold, 2 mm breit

VORLAGE

Bogen 2B

Einladungskarte

1 Die Karte mit dem hellorangefarbenen Streifen bekleben und darüber den Streifen in Sandoptik platzieren. Fünf Füße ausstanzen und abwechselnd wie Fußspuren auf dem Sandpapier festkleben.

2 Ein passend zugeschnittenes Einlegeblatt mit den Organzabändern festbinden. Den beschrifteten Transparentpapierstreifen nach Vorlage falten, schräg abschneiden und eine Niete anbringen. Den Streifen mit der Falte über die Bänder legen und evtl. etwas ankleben.

Kerze

1 Drei weiße Wachsquadrate mit dem Cutter zuschneiden und mit warmen Händen auf die Kerze drücken. Darauf die gestreiften Wachsplatten befestigen und deren Kanten mit Zierstreifen umranden.

2 Den Fisch und den Seestern aus weißem Wachs ausschneiden, die Füße mit dem Locher ausstanzen und alle Motive evtl. vor dem Aufdrücken auf die Kerze mit etwas Sand bestreuen. Das Kreuz aus Zierstreifen nach Vorlage anbringen und eine Niete in die Kerze eindrücken.

Mein Tipp für Sie

Windlichter Ganz leicht lassen sich passende Windlichter zur Tischdeko gestalten. Dafür starkes Tacky-Tape-Klebeband in Streifen um ein Glaswindlicht kleben, Schutzfolie abziehen und in einem Teller mit Dekosand wälzen. Die Gläser mit Vogelsand (Tierbedarf), ausgestanzten Fußspuren und Kerze füllen. Der Tisch ist ebenso mit Vogelsand, Muscheln und Seesternen geschmückt.

Einladung

Leif
Wie das Samenkorn einer Pusteblume.
Irgendwann macht es sich auf den
Weg in die Welt.

Die Pusteblume – Symbol der Beständigkeit

in Konturenmalerei

MOTIVHÖHE
ca. 7,5 cm bis 21 cm (Einladungskarte)

MATERIAL
FÜR ALLE MOTIVE
* Aquarellpapier in Weiß
* Konturenliner (z. B. Mask-Liner)
* Metall-Aufschraubdüse, ø 0,5 mm
* Acrylfarbe (z. B. Art Acryl Aqua) oder Aquarellfarbe in Gelb und Dunkelgrün
* feiner Haarpinsel
* Rundnieten in Gelb, ø 7 mm
* Ösenwerkzeug

ZUSÄTZLICH EINLADUNGSKARTE
* Doppelkarte in Dunkelgrün, 10,5 cm x 21 cm
* Fotokarton in Grün, 8 cm x 18,5 cm
* Transparentpapier in Weiß, 13 cm x 3,5 cm
* Satinband in Weiß, 3 mm, 60 cm lang

MENÜLEPORELLO
* Leporello in Weiß, 7,5 cm x 7,5 cm
* Fotokartonrest in Grün
* Schreibmaschinenpapier

VORLAGE
Bogen 1B

Konturenmalerei: Die Pusteblume-Vorlage mit Transparentpapier und weichem Bleistift auf Aquarellpapier übertragen und die Linien mit Konturenliner nachziehen. Die Flächen nach dem Trocknen ausmalen. Um ein Hellgrün zu erhalten, beide Farben mischen und von hell nach dunkel malen. Sobald das Motiv getrocknet ist, die Konturen vorsichtig abrubbeln, um die weißen Linien freizulegen. Unschöne Linien mit weißem Lackmalstift ausbessern und den Rand ringsum schmal abschneiden.

Einladungskarte

Den grünen Streifen und die Pusteblume auf die Karte kleben und in den Kartenfalz einen Schlitz schneiden. Den bedruckten Transparentpapierstreifen links durch den Schlitz schieben und auf die Kartenvorderseite legen. Überstände innen festkleben. Den Textstreifen seitlich lochen und zwei Nieten anbringen. Ein Einlegeblatt einlegen und mit Satinband festbinden.

Mein Tipp für Sie

Umschlag für Einladungskarte Der transparente Umschlag der Einladungskarte wurde mit Lackmalstift bemalt. Dafür das Motiv in den Umschlag legen und einfach abzeichnen. Die Pusteblumen auf dem Teelicht wurden frei Hand aufgemalt.

Menüleporello

Das Menü mithilfe eines Druckers auf Schreibmaschinenpapier ausdrucken, zuschneiden (ca. 7 cm x 7 cm) und auf die Leporelloseiten kleben. Die Pusteblume auf grünen Karton kleben, mit etwas Rand ausschneiden und auf der Vorderseite des Leporellos anbringen.

Weiter geht es auf Seite 28

SERVIETTENRING

* Fotokarton in Dunkelgrün, 3 cm x 20 cm, und 2 x 12 cm x 1,5 cm
* Fotokarton in Grün, 2 x 12 cm x 1,5 cm

FOTOALBUM

* Fotoalbum in Grün, ca. 22 cm x 22 cm
* Fotokartonreste in Dunkelgrün und Grün
* Satinband in Weiß, 3 mm, 30 cm lang
* Foto, 9 cm x 13 cm

VORLAGE

Bogen 1B

Serviettenring

Den langen Streifen zum Ring kleben. Je einen hellen versetzt auf einen dunklen Streifen kleben und mit Name versehen oder eine Niete anbringen. Die Streifen auf den Ring kleben und darüber die Pusteblume fixieren.

Fotoalbum

Das Foto in Hellgrün rahmen, auf den dunkelgrünen Karton kleben (siehe Vorlage) und in den Ecken je eine Niete anbringen. Das Satinband umbinden und vorne verknoten. Das Bild und die Pusteblume mit Klebepads auf das Album kleben.

Mein Tipp für Sie

Konturenmalerei Diese Technik, Papier zu gestalten, ist etwas aufwändiger und daher nur für kleine Serien geeignet. Als schnelle Alternative kann das Motiv auf Karton übertragen und mit weißem Lackmalstift gestaltet werden.

Klassisch in Blau gestreift

dennoch jung und frisch

MOTIVHÖHE
ca. 2 cm bis 12,5 cm (Menükarte)

MATERIAL
FÜR FAST ALLE MOTIVE
* Stempelkissen in Hellblau
* Kleberoller
* Klebepunkte in Silber, ø 6 mm
* Motivlocher: Kreuz, 3 cm lang
* Satinband in Dunkelblau, 3 mm breit, 22 cm, 25 cm, 44 cm und 46 cm lang
* Silberdraht, ø 0,5 mm

ZUSÄTZLICH EINLADUNGSKARTE
* Fotokarton in Weiß, 21 cm x 15 cm und 3 cm x 4 cm, und Dunkelblau, 3,2 cm x 4,2 cm
* Fotokartonreste in Mittelblau und Silber
* Stempel: Einladung, 6,2 cm x 3,4 cm
* Transparentpapier in Blau gestreift, 15 cm x 13 cm

MENÜKARTE
* Fotokarton in Weiß, 25 cm x 20 cm und 9 cm x 4,2 cm, und Dunkelblau, 9,2 cm x 4,5 cm
* Fotokartonreste in Mittelblau, Türkis und Silber
* Stempel: Menükarte, 8 cm x 3,2 cm
* Transparentpapier in Blau gestreift, 12,5 cm x 21 cm

DANKSAGUNGSKARTE
* Fotokarton in Weiß, 21 cm x 10,5 cm und 3 cm x 4 cm, und in Dunkelblau, 3,2 cm x 4,2 cm
* Fotokartonreste in Mittelblau und Silber
* Stempel: Danke, 5 cm x 2,5 cm
* Transparentpapier in Blau gestreift, 21 cm x 6,5 cm

KERZE
* Kerze in Weiß, ø 4,5 cm, 10,5 cm hoch
* Fotokartonreste in Mittelblau und Silber
* Transparentpapier in Blau gestreift, 17 cm x 6 cm

TEELICHTHALTER
* Fotokarton in Weiß, 9 cm x 19 cm
* Fotokartonreste in Mittelblau, Türkis und Silber
* Transparentpapier in Blau gestreift, 9 cm x 9 cm
* Teelicht

VORLAGE
Bogen 2B

Einladungs- und Danksagungskarte

Aus dem weißen Fotokarton eine Doppelkarte falten. Das weiße Rechteck mittig auf das blaue kleben. Das ausgestanzte Kreuz mit dem silbernen Punkt verzieren und daraufsetzen. Den Transparentpapierstreifen mittig falten und mit Kleberoller auf der Karte befestigen. Den Schriftzug aufstempeln. Die Satinbänder um die Karte wickeln und fixieren. Mit dem Motivrechteck vervollständigen.

Menükarte

Aus dem weißen Fotokarton eine Doppelkarte falten. Das Transparentpapier nach 12,5 cm falzen, um die Karte legen und mit Kleberoller befestigen. Die Satinbänder auf die Karte legen, die Enden auf die Innenseite klappen und fixieren. Den Schriftzug auf das weiße Rechteck aufstempeln und mittig aufs blaue kleben. Anschließend das Motivrechteck mit Klebepads auf die Karte setzen. Zwei Kreuze ausstanzen, mit dem silbernen Punkt verzieren und mit Silberdraht am Satinband befestigen.

Kerze und Teelichthalter

Den Transparentpapierstreifen um die Kerze wickeln und mit Kleberoller fixieren. Das Satinband um die Kerze schlingen und verknoten.

Für den Teelichthalter den Fotokarton und das Transparentpapier nach Vorlage zuschneiden und zusammensetzen. Die Satinbänder über das Transparentpapier legen, die Enden nach innen klappen und festkleben. Die verzierten Kreuze mit Silberdraht an den Satinbändern befestigen (auch für Kerze).

Danke
Menükarte
Einladung

Gundula Günzel, geboren 1961 in Hamburg, lebt mit ihrem Mann und ihren beiden Kindern sowie dem Hauskater Micky in Dithmarschen/Schleswig-Holstein.

Seit ihrer frühesten Kindheit an sind Malen, Stricken, Nähen und Basteln ihre liebsten Freizeitbeschäftigungen. So wundert es nicht, dass sie sich gerne von neuen Basteltrends und Materialien zu ihren Bastelbuchideen inspirieren lässt.

Christiane Steffan, veröffentlicht seit 2001 Bücher zum kreativen Gestalten. Papier zählt dabei zu ihrem Lieblingsmaterial, weil es so vielseitig ist. Die gelernte Einzelhandelskauffrau für Bürobedarf lebt mit ihrem Mann, zwei Hühnern und diversen Kaninchen in Walldürn im Odenwald.

DANKE!

Die Autorinnen danken den Firmen Ludwig Bähr, Heyda, Rayher, Butterer Creativmarkt sowie Gütermann creativ – KnorrPrandell für die freundliche Unterstützung.

TOPP – Unsere Servicegarantie

WIR SIND FÜR SIE DA! Bei Fragen zu unserem umfangreichen Programm oder Anregungen freuen wir uns über Ihren Anruf oder Ihre Post. Loben Sie uns, aber scheuen Sie sich auch nicht, Ihre Kritik mitzuteilen – sie hilft uns, ständig besser zu werden.

Bei Fragen zu einzelnen Materialien oder Techniken wenden Sie sich bitte an unseren Kreativservice, Frau Erika Noll.

mail@kreativ-service.info
Telefon 0 50 52 / 91 18 58

Das Produktmanagement erreichen Sie unter:

pm@frechverlag.de
oder:
frechverlag
Produktmanagement
Turbinenstraße 7
70499 Stuttgart
Telefon 07 11 / 8 30 86 68

LERNEN SIE UNS BESSER KENNEN! Fragen Sie Ihren Hobbyfach- oder Buchhändler nach unserem kostenlosen Kreativmagazin **Meine kreative Welt.** Darin entdecken Sie vierteljährlich die neuesten Kreativtrends und interessantesten Buchneuheiten.

Oder besuchen Sie uns im Internet! Unter **www.frechverlag.de** können Sie sich über unser umfangreiches Buchprogramm informieren, unsere Autoren kennenlernen sowie aktuelle Highlights und neue Kreativtechniken entdecken, kurz – die ganze Welt der Kreativität.

Kreativ immer up to date sind Sie mit unserem monatlichen **Newsletter** mit den aktuellsten News aus dem frechverlag, Gratis-Bastelanleitungen und attraktiven Gewinnspielen.

IMPRESSUM

MODELLE: Christiane Steffan (Seite 2/3, 6-11, 14-17, 22-29), Gundula Günzel (4/5, 12/13, 18-21, 30/31)

FOTOS: frechverlag GmbH, 70499 Stuttgart; lichtpunkt, Michael Ruder, Stuttgart

PRODUKTMANAGEMENT UND LEKTORAT: Tina Becker

DRUCK: frechdruck GmbH, 70499 Stuttgart

Auflage:	5.	4.	3.	2.	1.	
Jahr:	2012	2011	2010	2009	2008	[Letzte Zahlen maßgebend]

ISBN 978-3-7724-3735-9 • Best.-Nr. 3735